JN208722

初めての読書指導
アイディア25＋5〈小学校編〉

福田 孝子　著

全国学校図書館協議会

はじめよう学校図書館　刊行にあたって

　今、学校図書館は、本が置いてある部屋（図書室）から、さまざまなメディアを活用する学習活動・読書活動や教員の教材研究などを支援する機能（学校図書館）へと大きく変わろうとしています。そのためには、学校図書館メディアが整備され、必要なときに、いつでも利用できる体制が整っている学校図書館が求められています。

　さらに、新学習指導要領の実施にともない、各教科の学習活動に学校図書館は欠かせないものになっています。学校図書館は、課題の設定から成果の発表までの一連の学習活動を支援し、楽しく実り豊かなものにしています。

　学校図書館が、生き生きと機能するためには、豊かな資質を備えた担当者の存在がなにより大切です。

　本シリーズは、学校図書館の実務に関するもっとも基礎的・基本的な業務について、その意義、目的、業務内容、実践上の留意点が初任者の方にもよくわかる入門書として書かれています。もちろん学校図書館の担当者にとっては必須の内容ばかりですので、学校図書館の運営に関する体系的な知識・技能を習得することができます。本シリーズが学校図書館づくり、および学校図書館運営にお役にたてれば幸いです。

公益社団法人全国学校図書館協議会

もくじ

私は、三十数年公立の小学校に勤務してきました。その間、学級担任として、また司書教諭として、子どもたちに豊かな読書生活を築いていってほしいという思いを持って、読書指導に取り組んできました。常に意識していたのは、子どもたちにたくさんの本と出会わせよう、本の魅力や読書のよろこびを伝えようということでした。

当時の子どもたちから、最近こんな声が届きました。

「1年生のとき、いつも先生に本を読んでもらい、その中で特に『おさるのジョージ』が大好きでした。今、自分の子どもに読んでいます」と、母親になったKさんから。

「本が嫌いだったけれど、先生に『この本はどう？これは？』といろいろな本を手渡され、気づいたら、小学校教員を目ざしていました」と、大学生になったYくんから。

本によって、子どもたちはさまざまなことを学び育っていったようです。

私が今さら申しあげるまでもないことですが、生涯にわたる読書習慣の基礎をつくるためには、小学校入学時から継続して読書指導を行うことが必要です。言語は人間として生きていくためのツールであり、読書習慣をつけることは、人生の土台を培うことになります。

この本を手にとってくださった方は、きっと私と同じように読書や読書指導の重要性を認識されていることでしょう。けれども、「具体的にどのように始めたらよいのかわからない」という方、あるいは「すでに読書指導を始めてはいるけれど、もっと効果的な方法はないものだろうか」と悩んでいる方も多いのではないでしょうか。

本書は、そういった方のために読書指導の基本をおさえ、だれでもすぐに取りかかれる手順と方法を示した、いわば読書指導の入門書です。

　私が長年にわたって積み重ね、実践してきたことの一部を、25＋5通りのアイディアとしてまとめました。これらの中には、「読み聞かせ」や「ブックトーク」といった従来の読書指導の方法も含まれていますが、内容は、いずれも新鮮な工夫を加えてあります。したがって、まったくの初心者の方はもちろんのこと、読書指導がマンネリ化して困っているという方にも、きっと参考にしていただけると思います。

　また、本書では学級担任、司書教諭、学校司書などのそれぞれの役割についても触れていますが、それぞれの役割だけを行えばよいということではないと思います。実りある読書指導を行うためには、遠慮せずにお互いがすすんで積極的に依頼したり、助言したり、協力し合ったりといったことが必要でしょう。そして、学校全体で意欲的に読書指導を行うように働きかけていきましょう。

　それでは、30通りのアイディアの中の、できるところから取り組んでみてください。また、いくつかのアイディアを組み合わせることによって、より幅広い内容豊かな読書指導になっていきます。実践を重ねるうちに、自分自身の工夫や新しいアイディアも生まれてくることでしょう。

　何より、あなた自身が読書指導を楽しみながら取り組んでください。先生の「本が好き」「読書が好き」「読書は大切」という気持ちが子どもたちにも伝わって、より大きな成果を得られることでしょう。

　本書が、みなさんの読書指導の展開に少しでもお役にたてば幸いです。

1 日常の中で読書習慣を身につけて いくために アイディア 1～6

アイディア 1　訪れたくなる学校図書館づくり

　子どもたちが読書習慣を身につけ、読書生活を充実させることができるように、まず、学校図書館を訪れたくなるような魅力的な場所にしましょう。そのために、次のことを考えてみましょう。

- 本の紹介や掲示物を明るく季節感があふれるように工夫する。
- ゆったりと座れる椅子、のんびりできる畳コーナーなどをつくる。
- 蔵書構成を考えて、豊富で最新の資料をそろえる。
- 資料をわかりやすく配架する。

　図書館に行けば、楽しい本やおもしろい本がある、調べれば何でもわかる本や資料もある、という信頼感をまずつくりましょう。

表紙を見せた展示で本を選びやすく

特設コーナー（季節・テーマ別）で新鮮さを！

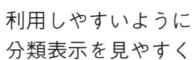

利用しやすいように分類表示を見やすく

司書教諭や学校司書が学校図書館づくりを担いますが、基本方針や目標は職員全体で話し合い確認しましょう。そして、必要な作業は職員全体で協力しましょう。学校全体で協力して学校図書館をつくりあげます。そのことが学校全体で取り組む読書指導にもつながっていきます。

アイディア2　いつも身近に本を～学級文庫・学年文庫

　本が読みたくなる環境づくりを、学校図書館の中だけでなく、学校全体に広げましょう。子どもたちの目に見えるところに本や本に関する情報がある環境は、読書を日常的に意識することにつながっていきます。

◉学級文庫

　毎日を過ごす教室に学級文庫をつくりましょう。学級文庫のそばでは本の話題も広がります。図書係を決めて、学級文庫の運営を主体的に行うように導けば、本への関心、読書への関心を高めることができます。学級担任は、学級文庫の充実を図り、司書教諭や学校司書は、学校図書館から配本したり、公共図書館の団体貸出を利用するなどして、サポートしましょう。

〈学級文庫の運営〉
- 学級文庫の名まえをつける。
- 図書係を決めて、図書係が管理する。
- 家庭に持ち帰るときはノートに記録する。
- 学級文庫には、どんな本がよいのか話し合う。

〈学級文庫の蔵書〉
- 学校図書館からの配本
- 担任の持ち込み
- クラスの子どもたちの持ち寄り（紛失した場合のことを決めておく）
- 公立図書館からの団体貸出

などを工夫して用意しましょう。そのほかに、学年や校種によって配慮し、以下の本もそろえておきましょう。

・国語辞典　・漢和辞典　・類義語辞典　・ことわざ辞典　・英和辞典
・和英辞典　・歳時記　・地図帳　など。

◉**学習単元計画に基づいて「出前展示」を！**

　学校図書館に学校司書が配置されていなかったり、配置日が限られていたりすると、学校司書が行うレファレンスができません。授業で使用するときなどは、学年の廊下に学習単元計画に基づいて学校図書館から「出前展示」をして、学年共有の学年文庫として利用します。子どもたちの身近なところに授業に関連した本があることは、学習効果が高まります。また、本への関心を高めることにつながります。ただし、その単元が終了したら、すぐに学校図書館へ戻し、学校図書館の利用につなげましょう。

宮沢賢治の授業に合わせて

杉みき子の授業に合わせて

　学級担任は、「次の授業では、こんな本があると役だちます」と、単元に応じた図書資料を司書教諭や学校司書にそろえてもらえるように依頼しましょう。学校図書館に資料があるのが基本ですが、どうしても不足している場合は公共図書館にも依頼しましょう。司書教諭や学校司書は、依頼されなくても「学習単元計画にそって本を準備しましたよ」と声をかけましょう。

アイディア3　目からも耳からも本の情報を

◉**廊下や踊り場の活用**

　本の情報が身近なところにあると、関心を持つ機会が増え、読んでみたく

図書館前の廊下の本の展示コーナー　　　大工仕事が得意な学校職員の出番です！

なります。廊下や踊り場も活用しましょう。ただ、本が分散して、必要なときにあちこちから本を集めなければならないというのでは困ります。

　本の展示と合わせて、読書標語や読書俳句を掲示すると、子どもたちの読書意欲をよりかりたてます（p.47 アイディア24参照）。本を読むことで、子どもたちが読書の持つ意味を確認できるようにもなります。

●学校放送の活用

　すぐに伝えたい学校図書館からのお知らせや本の情報は学校放送を利用しましょう。児童の放送委員や図書委員、職員室にいる教員が担当するなど、分担を決めておきましょう。

〈放送時間と放送内容〉

- 学校司書が常勤でない場合には、在校している日に「今日学校図書館には図書館の○○先生が来ています。いつでも学校図書館が利用できます」。
- 朝の読書の前には、「本の準備はできていますか？　机の上に本を用意してから次の行動に移りましょう」。
- お昼の放送は、「新着本の紹介」「おすすめ本の紹介」「読書感想文の紹介」「図書クイズ」などを適宜取り入れていきます。
- 金曜日や休日の前の日の放送は、「明日からの休日のために本を借りて帰りましょう」。

アイディア4　読書タイムをもうけよう

　読書習慣を身につけさせるために、読書の時間を確保しましょう。

◉全校一斉の読書タイム

　毎朝、全校一斉読書を行っている学校が増えています。学校によっては、週に1回〜数回というところもあるでしょう。いずれにしても、その読書タイムをたいせつにして、子どもたちに読書習慣をつけていきましょう。

　朝に読書タイムが確保できない場合は、昼の活動が終わり、午後の授業が始まる前の10〜15分間を昼の読書タイムとしてもうけることもできます。月に1度はロングの読書タイムとして、昼清掃をなくします。昼の清掃とふだんの読書タイムを合わせると30分間は確保できそうです。

　読書タイムのルールをつくり、ルールに従って読書をするようにさせましょう。

〈ルールの例〉
- チャイムの前に本を準備する。
- 本を取り替えるために途中で席を立たない。
- 他の人と話をしないで一人で読む。
- 漫画や図鑑類は読まない。
- 読書記録をとる。

　選んだ本が自分に合わないからといって、すぐに取り替えないようにさせましょう。10〜15分くらいなので、読み続ける気持ちを育てていきましょう。そのことが次からの本選びにもつながります。このとき、本を準備できない子どもには「これを読んでみませんか」と、その児童に適した本を手渡すことも必要です。できれば、何冊か用意しておいて選ばせることが主体的な読みにつながります。

　そのほか、漫画や図鑑類はどうするのか、文章ときちんと向かい合わせることをだいじにするのか、まずは静かに読めばよいのか、一人ひとりの子どもの実態や目標を踏まえて職員全体で確認することが必要です。

読書タイムが定着している学校は、次に何を読むのか、何をどう読むのかを考えさせていきましょう。いつでも好きな本を読んでよいということにすると、分野やテーマがかたよりがちです。時にはテーマを設定したり、学校図書館の本を選んだりするように提案もできます。そして、子どもたちが優れた本に出会いやすいように、ブックトークで本を紹介したり、学校図書館や学級文庫に適書を豊富にそろえたりしましょう。

◉**すき間の時間の工夫と活用**

　確保された読書タイムだけでなく、ちょっとした時間を利用して本を読もうとする意欲や読書習慣を身につけさせるための取り組みも始めましょう。

　読書タイムをたくさん確保ができればよいのですが、なかなかまとまった時間の確保は難しいものです。そこで、移動を伴う授業の後、教室で全員がそろうのを待っているとき、各自の課題が早く終わったとき、給食の待ち時間など、ちょっとした時間に「必ず本を読んで待っていましょう」と指導しましょう。すき間の時間の活用です。忙しい日々の中でもちょっとしたすき間の時間に本を読む習慣が身につき、生涯にわたり役だつことでしょう。

◉**「図書時間」の活用**

　「図書の時間」が確保されている学校は「学校図書館を活用する時間」として読書活動年間計画をきちんと立てましょう（p.52　アイディア27参照）。

アイディア5　手元にいつも1冊の本　〜ブックバッグの活用

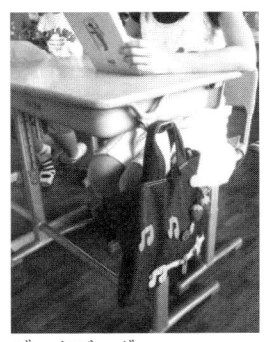

　いつでも読みかけの本やこれから読みたい本を1冊、手元に置いておくことがたいせつです。そのためには、机の横にブックバッグをかけておくと便利です。これは、床に着かない長さで、絵本が入る大きさが適しています。このブックバッグに本を入れて、学校図書館と教室を行き来するだけでなく、

ブックバッグ

家庭への持ち帰りにも使用できます。ブックバッグを持つことで、読書への自覚にもなります。ブックバッグは各自が用意するということでもよいのですが、家庭科の時間に製作することもできます。

　写真は、6年生が下級生のために製作したブックバッグです。6年生が家庭科の時間等を活用して全校児童分製作すると、次の年度からは新1年生分だけ製作すればよいことになります。飾りつけは、各自や各家庭でやってもらいます。そのようにして全校で共通のブックバッグを利用している学校もあります。司書教諭の提案で学校全体の取り組みとしてみましょう。

アイディア6　　いつでもどこでも読み聞かせ

　読み聞かせは、いつでも、だれでも手軽に行えます。読書が好きな子も苦手な子も、読んでもらうのは大好きです。絵を楽しみながら、耳で聞いて想像をふくらませることにより、聞く力、想像力など豊かな力がはぐくまれていきます。聞く力が育ってこそ、文章を読む力がついていきます。そして、そのことが本への関心を高めることになり、有効な読書指導になります。

●担任がクラスで読み聞かせ

　読み聞かせは、子どもたち一人ひとりのことを一番よく知っている学級担任が行うのが基本です。また、学級担任の読み聞かせは、1冊の本をクラス全員で共有し合うことで、クラス全体の人間関係を深めることにもつながり、クラスの基礎をつくり、学級経営にも役だちます。そして、クラスの中で読書は楽しいという雰囲気も形成されていきます。

　司書教諭や学校司書は、「こんな本がありますよ」「この本を読み聞かせにどうぞ」と、読み聞かせる本を選ぶ際に支援しましょう。職員室の一角に、簡単な内容紹介をつけた読み聞かせ用の本を置いておくのもよい方法です。

　絵本の読み聞かせは、各自の席に座ったままで行うより、肩を寄せ合って聞くほうが本も見やすく絵も楽しめます。教室の机を少し移動させて、集まる場をつくります。そのときは扇形の状態で集まると、本が見えやすくなり

ます。読み聞かせの場や集まり方を決めておくと、その場に集まることでお話の世界に入りやすくなります。そのときに、集まれない子がいても、読み聞かせ全体に差し障りがなければ始めます。注意をして強制するよりもよい方法です。読み聞かせを読み手の教員が楽しんでいれば、その子も聞いていないようで聞いているものです。

〈読み方の留意点〉

- 絵がよく見えるように、コーナーを利用し扇形に座る。
- 読み手は、聞き手のまぶしさを避けるため光を背にしない。
- 絵がどの子にもよく見えるように、本を子どもたちの目線より少し上になるようにする。
- 本はしっかりと安定した持ち方で持ち、手で本を遮らないようにページの下を持ってめくる。
- 学校図書館などでは、背景をカーテンやつい立てでしきるのも、集中力が増し効果的である。

◉低学年への読み聞かせ

まず自分で読んでみて、「この本はいいな」と思ったら、読み聞かせをしましょう。「感動する本を」と気負わずに、楽しい本、おもしろい本、夢のある本から始めましょう。

〈読む前に〉

1、2回声に出して読んでおきましょう。このときに、読むのにかかる時間を記録しておくと役にたちます。

読み始める前に簡単に「導入」をします。その本に関する話を少ししておくと、すっとお話の中に入っていけます。例えば、『コッケモーモー！』の場合は、「猫はなんて鳴く？　犬は？　牛は？」「にわとりはなんて鳴くの？」と聞き、鳴き声に関心を集めて、「にわとりはコケコッコーって鳴くよね」「でも、今日は『コッケモーモー！』のお話です」、というふうに導入をして

読み始めます。『うごいちゃだめ！』の場合は、もぞもぞ動いている子たちに、「動いちゃだめ!!!」とふだんより強く言って、びっくりしたところでゆっくり表紙を見せ、読み始めます。

　ちょっとした「導入」で子どもたちは本の内容にぐっと引きつけられます。これらの本の読み聞かせの後には、「コッケ○○ごっこ」や「うごいちゃだめごっこ」がはやります。本っておもしろいと感じられることでしょう。

〈読んだ後に〉

　読んだ本は、反応を含め簡単な記録を残しておくと次の機会に役だちます。

●中学年への読み聞かせ

　子どもが自分で読む場合、絵本から文字の多い本への移行期です。しかし、読み聞かせは、低学年向きの本でも十分楽しめます。絵本は理解ができるかどうかの下の年齢制限はあっても、上限はありません。絵本を引き続き読み聞かせするとともに、『ふしぎふしぎ』『びゅんびゅんごまがまわったら』『あらしのよるに』など、少し長めの絵本を読みます。時間がないときには、区切るところを決めておいて、2回に分けて読むこともできます。次への想像もふくらむことでしょう。

　そして、『エルマーのぼうけん』『龍の子太郎』など、挿絵を見せながら、何日かにわたって長編の読み聞かせも行います。給食を食べているときなどに毎日10分間読み聞かせを続けるのも効果的です。教員が早く食事を終えて、何分になったら、先生の読み聞かせに耳を傾けましょう、としておけば、その時間を心待ちにしてくれるはずです。

　さらに、物語絵本だけでなく、ノンフィクションや科学の本も読み聞かせれば、子どもたちの読書の幅も広がっていきます。

●高学年への読み聞かせ

　高学年へも読み聞かせは続けましょう。忙しさが増す生活と各自の興味関心や読書力の差が広がる中、読み聞かせによって同じ本を共有することで一体感も生まれます。高学年だから、内容の深い作品でなくてはいけないと考える必要はありません。ときには、『ぜつぼうの濁点』『まのいいりょうし』

『いいから　いいから』など、みんなでほっと笑える絵本を読めば気分もほぐせます。また、同じ本でも低学年と違う受け取り方ができます。

　学校にボランティアが入り、読み聞かせをする機会も増えてきましたが、重いテーマを持った本（例えば『ローザ』『しらんぷり』『満月をまって』など）は、担任が意図しながら子どもたちに手渡していく必要があります。

　また、長編を毎日少しずつ読み聞かせをするのも、学級担任ならばこそできることです。このとき、多少読む日にちがあいたとしても、子どもたちはストーリーを覚えていて、すんなりお話の中に入っていきます。例えば『レ・ミゼラブル』は登場人物が多く複雑な面もありますが、子どもたちは楽しんで聞いています。ミュージカルになっているので、その曲も紹介すると効果的です。将来、「○○先生に読んでもらった」と覚えてくれていることでしょう。読書が苦手な子どもも、読み聞かせなら長編を耳で楽しめることから、長編の読書へと導いていけます。

　どの学年でも読み聞かせは、各教科の導入や授業のまとめでも使えます。道徳の授業で話し合うための教材としても使えます。

●全校職員での読み聞かせ

　ときには変化をつけて、学校全体の教職員で読み聞かせをしてみるのも楽しいものです。司書教諭の提案で「読み聞かせお楽しみタイム」をつくり、全職員を巻き込んで行いましょう。校長、教頭をはじめ、養護教諭、栄養教諭、事務職員等、全職員に参加してもらいます。

　子どもたちには、読む本と場所を事前に知らせます。どの教職員がどの本を読むかはないしょです。「読み聞かせお楽しみタイム」に、子どもたちは聞きたい本を選んで指定の場所に集まります。学校全体の人数が多いときには、事前にどの本の読み聞かせを聞きたいか希望を集約し調整しておきます。

2 | 充実した読書生活のために
アイディア 7〜9

ブックトークとは あるテーマのもとに、何冊かの本を関連づけながら紹介していく読書指導の一つです。子どもたちに、取り上げた本に興味を持ち「読んでみたい」という意欲を起こさせることが目的です。読書一般に興味を持たせるだけでなく、テーマに基づいて系統的に読書をする楽しさや多面的に本を選ぶ力も身につけさせることができます。

また、ブックトークは、教科学習や総合的な学習の時間に活用できます。学習テーマに関連した本をミニブックトーク形式で数多く紹介していくことで、学習内容が広く深くなっていきます。

学級指導では、そのときどきのメッセージを込めた本の紹介もできます。

●ブックトークの手順

①テーマを決める。

そのときのブックトークの目的を考えてテーマを決めます。

- 楽しい本を読んで本好きにするブックトーク

「季節や行事」関連（梅雨・運動会・泳ぐ など）、「登場人物や動物」関連

- 学級指導として取り組むブックトーク

「友だち」「みえるものとみえないもの」「食育」 など

- 学習活動を活発にするためのブックトーク

単元の、導入・展開・まとめ・発展のどの段階で使うかを考える。

②本を選ぶ。

テーマが決まったら、本選びをします。

- 発達段階を考え、 1冊1冊を選ぶ。1回のブックトークで5〜7冊紹介す

る予定で、多めに選んでおいて、後で全体の構成を考えながら決めていく。
- 文学作品だけでなく、絵本や科学読み物、写真集などいろいろなジャンルの本を織り交ぜる。
- 読書好きの子どもばかりではないので、少し高度かなと思われる本、やさしいかなと思われる本、どちらも用意する。
- 新刊本は子どもたちの関心が高いが、長年読み続けられている本もたいせつにする。
- 紹介者のお気に入りの本があると、ブックトークの輝きが増す。
- ブックトークは5〜7冊で約30分くらい。ミニブックトークなら3、4冊で10〜15分くらいで行う。
- ブックトークを時間いっぱいやるのではなく、子どもたちがその本を手に取れる時間を確保しておく。

③紹介の順序を決める。

　紹介する本は、軽重をつけてもかまいません。すべてを同じように扱う必要はないのです。

　子どもの心に残りやすい感動を与える本は最後に持っていきましょう。

④紹介の方法を決める。

- 1冊全部の読み聞かせ　　　- 部分的な読み聞かせ
- あらすじの紹介　　　　　- クイズを出す
- 写真や挿絵を見せながら、内容や作者についての説明
- 地図、絵、ペープサート、パネルシアターなどでの紹介

　これらの方法を組み合わせ、時間配分を考えます。じっくり紹介したい本と短く紹介する本とを織り交ぜ、メリハリをつけて、紹介します。

　学級担任や教科担任が教室で行う場合は、紹介する本を少なくし、短時間で行うミニブックトークがやりやすいです。その分、回数を多くしましょう。そして、負担を軽くするために細かいシナリオではなくアウトラインを作成しておきましょう。

　各教科で行うことで取り上げる本の幅も広がりますが、本の知識が広くな

〈すべての教科でブックトークを〉

国語	図書をもっとも活用できる教科です。 「宮沢賢治」「椋鳩十」「あまんきみこ」「アーノルド・ローベル」などを学習する場合、学習の最初に紹介をして、学習意欲を高め学習内容を深めましょう。また、平和など、テーマに関係する複数の本も紹介し、本の中での体験を広げましょう。
社会	工業・農業・歴史学習などさまざまな単元で積極的に活用しましょう。本・写真・映像・実物など資料は豊富です。
生活	体験や経験したことが、知識と結びつくように本を大いに活用しましょう。「たね」「いきもの」「あき」「あそび」など
算数	本で算数はさらにおもしろく感じられるようになります。 『1つぶのおこめ』『面積のひみつ』『王さまライオンのケーキ』など
理科・科学	科学絵本・科学読み物・図鑑類を大いに紹介しましょう。 『新科学の本っておもしろい』(科学読物研究会編) などが役だちます。
音楽	音楽の歴史、楽器、民族音楽、作曲家の伝記など、音楽への親しみが増す楽しい紹介ができます。
家庭	5年生から始まる家庭科を子どもたちは心待ちにしています。 『朝ごはんつくろう！』『長い長いベッドカバー』など
体育・保健	「からだ」をテーマにしただけでもたくさんの本が紹介できます。 「は・め・みみ」「からだのしくみ」「健康な食生活」など
図画工作	工作・折り紙など実際につくるための本から伝統工芸・画家・美術鑑賞の本まで幅広く、創作意欲が増します。
総合的な学習の時間	図書資料が大いに活用できる教科です。学校の年間計画に基づいて蔵書も確保。環境・福祉・国際理解などだけでなく、各自の課題解決に応えられるように、幅広く蔵書をそろえていきましょう。
英語活動英語	日本語に翻訳された英語の絵本・英語に翻訳された日本語の絵本などたくさんあります。英語版と日本語版と比較しながら読むのも楽しいものです。『きょうはみんなでクマがりだ』『We're Going on a Bear Hunt』『はなをくんくん』『The Happy Day』
道徳	主題にふさわしい絵本を紹介することができます。本には優しさや思いやり、たくましさ、深い考えなどがつまっています。 『わたしのせいじゃない』『ぼくたちのコンニャク先生』など

ければできません。学級担任や教科担任は、司書教諭や学校司書、公共図書館から情報を得ることが重要になってきます。また、司書教諭は、学級担任や教科担任にミニブックトークで本を紹介することや、司書教諭や学校司書と組んでブックトークをすることをすすめましょう。

⑤最後の準備をする。

必ず一度声に出して読んでおきましょう。メリハリやテンポもだいじです。本の紹介や読み聞かせは、声に出してみると思っているより時間がかかったりします。

紹介した本の配布用ブックリストを作成しましょう。ブックトークで紹介した本はその場で貸し出します。できるだけすぐ手に取れるように複数冊用意しますが、子どもたち全員の分はありません。それでも後で、図書館で借りたり、あのときブックトークで紹介してもらった本はなんだったかと、思い出したりするとき、このブックリストが役だちます。

アイディア8　読書の記録を習慣に〜読書記録ノート

読書の足あとを記録していきます。読み終わったら、読書の記録を残すことを習慣化していきます。どの学年でも、読書記録をつけていくことが自分の読書への励みになっていきます。日々記録するので、負担を感じない簡単な記録ノートであることがたいせつです（あるいは読書記録カードを蓄積していくことで読書記録ノートとします）。

◉成長段階に応じた読書記録ノート

小学校1年生は2学期ごろから、読んだ日と書名を記入させます。中学年は、読んだ日、書名に加え著者名や分類記号を記入します。高学年は、ページ数を加えていくと、さらに正確な読書記録になっていきます。

本の感想は3種類〜5種類くらいの簡単な感想に丸をつけるか、色を塗らせるくらいが負担にならず長続きします。また、「主人公○○の優しい気持ちは豊かな自然の中で育った！」とか「ふつうの生活の中にこんな冒険があっ

「たんだ」とかの感想を1行くらい書かせてもよいでしょう。

　学校図書館の貸出記録は、借り手の読書記録とは一致しません。学級文庫や公立図書館で借りる、友だちから借りる、自分で購入するなどさまざまな形で本を読んでいるからです。だからこそ、自分の読書記録をつけていくことに価値があります。書きつづることは、書くことやメモをとることへの習慣づけにもなり、別の付加価値も生み出します。

●「〇年生のころこんな本読んでいたんだ。大好きだったこの本を、今度、下級生に読んであげよう！」と思い出すこともできます。

● 教員は記録を見て、「9類の物語をたくさん読んでいるね。みんなにおすすめの本を紹介してね。今度、2類の伝記を読んでみるのもいいよ」と、声かけもできます。そのときには、子どもが読んでいる本をまずほめて、共感します。次に、その子がステップアップする課題を示唆しましょう。

　読書記録は、学校全体で系統的に取り組むことが効果的です。司書教諭や学校司書は、どのクラスも取り組みやすいように読書記録用紙を用意しましょう。まだ、学校全体で取り組めない場合には、とりあえず関心を示したクラスや学年から始めてみましょう。

　さまざまな形式の読書記録カードが考えられますが、自校に合うように工夫をしましょう。

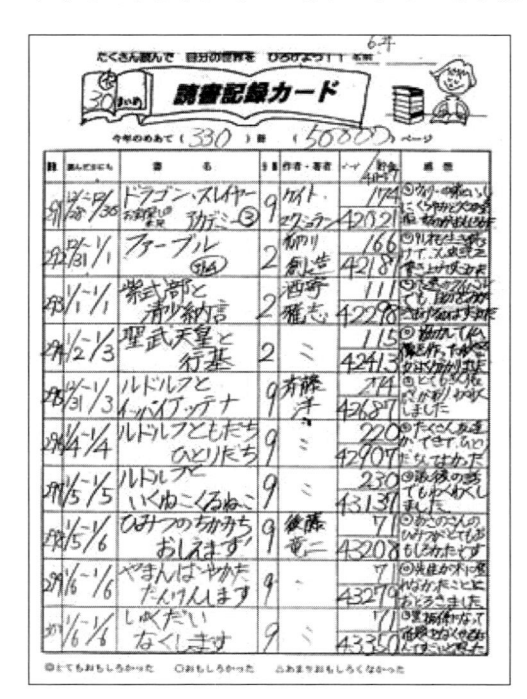

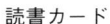 読書カード

楽しかった、おもしろかった、役だったなどの感想を、色をぬることで表現します。

何冊目であるか、数字を記入します。

読書記録カード

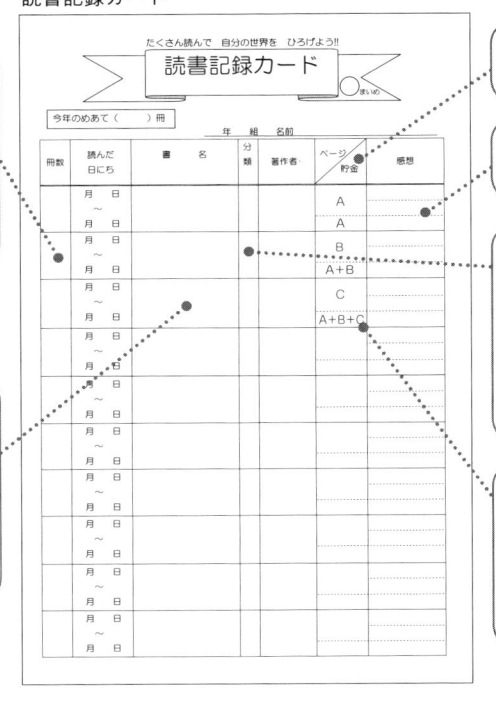

１枚目からのカードに記入された合計冊数を記入していきます。

読んだページ数の累積

一言簡単な感想を書きます。

分類を記入していくと、読書傾向がよくわかります。分類を意識していくようにもなります。

収録作品でもよいです。ページ数は読んだ分だけ記入します。

ページ数を合計し、記入します。Ａ＋Ｂ＋Ｃになるので、筆算で足していけます。

アイディア9　心に残った文章をアンソロジーに

　読書記録カードやノートが書けるようになった子どもにすすめたいのが、「ここが心に残ったよ」と心に触れた文章を書きぬくことです。そっくりそのまま、書きぬくのです。一番好きだったところは、一番気になったところは、一番感動したところはなど、どこでもいいのです。１行でもいいのです。心に残ったところを書きぬきます。そうすることで、読み終えたときにもう一度本を振り返ることになります。振り返ることで、読みが深くなります。そうすると、心に残るところがある本を読もうという本選びの意識向上にもつながります。

　読んだ本のどこを書きぬくかということは、読んだその時点の子ども自身の意識も反映します。また、同じ本でも成長につれて感じ方や印象に残る言葉や場面が変わっていきます。

心に残ったよカード

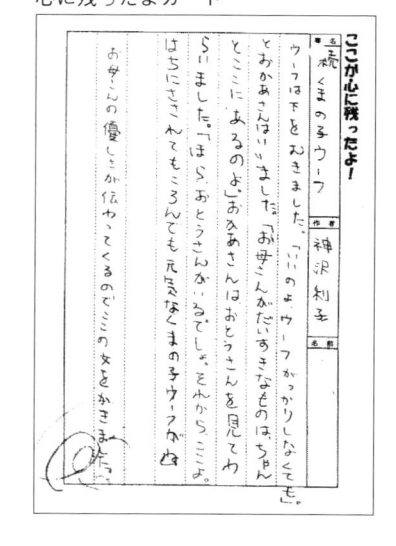

　ノートに書いてもよいのですが、カードにしていくと簡単にまとめられます。そのカードをクラスで掲示していけば、みんなへの本の紹介にもつながります。掲示しながら使うには、簡単にファイルしていけるものを使用すると便利です。１年間に100枚以上書きぬく子どもも出てきます。中学年以上は、作者や出版社も記録させましょう。

　この書きぬき集が、アンソロジーになります。本からお気に入りの文や文章を選んで書きぬいたものを集めたものが「アンソロジー」です。ですから、「ここが心に残ったよカード」集に表紙をつければ、それだけで、アンソロジーができます。さらに、目次と後書きをつけ加えることで、より充実したもの

になります。

◉書きぬき集セレクト・アンソロジー

　全部をとじるのではなく、気に入った本のカードをいくつか選び出します。書きぬき集セレクト・アンソロジーです。それに表紙・目次・後書きを加えます。また、テーマ別（友だち・生き方・やさしさ…）に分けたり、ジャンル別（物語・詩・伝記・科学読み物…）に分けたりして何冊かのアンソロジーにすることもできます。

◉クラスやグループで協同のアンソロジー

　書きぬき集の中からお気に入りの1枚を各自が選んで、クラスやグループでまとめると簡単で楽しい協同のアンソロジーができます。そして、それはそのまま、一人1冊のおすすめの紹介集になります。

　書きぬきをさせていなかったとしても、読書記録カードやノートの中から、心に残った本をもう一度読み、書きぬきをさせることで、みんなのアンソロジーができあがります。

◉「この詩が好き」アンソロジー

　フランスには、「詩人の春」といって、詩をたいせつにする全国的な週間が3月にあります。1年間で一番好きになった詩を各自が暗唱し、友だちや家族に聞いてもらう「詩の週間」をクラスや全校でもうけてみることもできます。それを集めたら、みんなの詩のアンソロジーができます。

◉アンソロジー展を開催

　しあがったアンソロジーはクラスやグループで読み合いましょう。集めて展示をすると「アンソロジー展」が開催できます。

　「ここが心に残ったよカード」やアンソロジーづくりは学級担任や国語科の教科担任が指導しますが、司書教諭や学校司書が、学校図書館で募集してまとめることもできます。

3 読書したことを表現し交流するために アイディア 10〜17

アイディア 10　おすすめの本の紹介カード

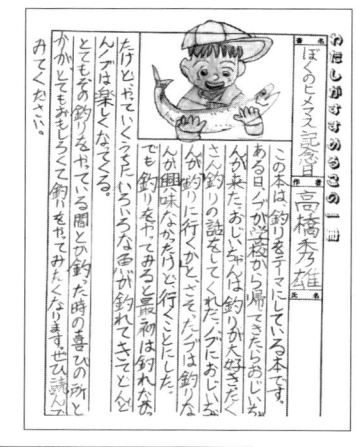

　子どもたちに、自分が読んだ本のおもしろさや魅力を「おすすめの本の紹介カード」に書かせます。読んだ本の内容を簡単にまとめ、魅力を伝える紹介活動は、紹介するために本を深く読むことにつながります。そして、自分の考えを明確にする力や書く力も育ちます。１年に何回か行うことで本を選ぶ力、まとめる力、情報を発信する力がついていきます。

おすすめの本の紹介カード

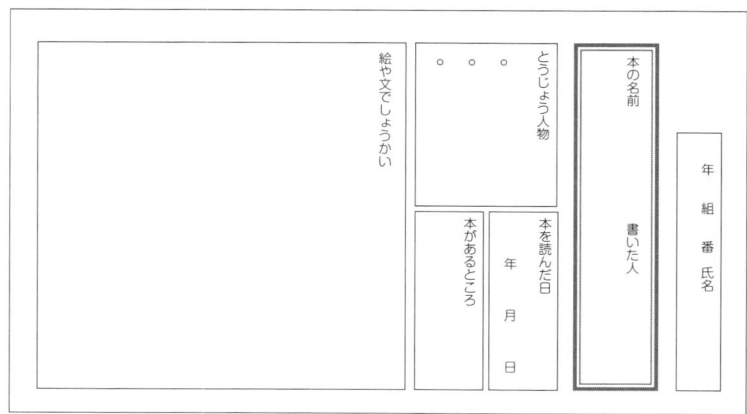

アイディア11　本で見つけた「ヒミツ」を伝え合おう

　みんなが知らない「ヒミツ」を教えようという内容で、学校図書館でさまざまな分類の本を調べます。読書の幅を広げるための活動です。本は物語だけではありません。自分の手に取る本の幅を広げるよい読書指導の機会にします。図書の時間が確保できている学校はその時間の1時間分を使います。確保できていない学校は、ある一定の期間をもうけ、その間の休み時間を活用して学校図書館で調べておくようにします。子どもたちは、「みんなが知らなさそうなことは…」と言いながら、ふだん手に取らないような本を手に取ります。意外な発見から、興味・関心が広がっていきます。調べたことを基に、朝の会や帰りの会のスピーチで紹介し合います。

　司書教諭や学校司書は「ヒミツ」を調べて記入するカードを用意しましょう。

「ヒミツ」調べカード

みんなにヒミツを教えよう！		
題	名前	
調べた本 (出典)	調べたページ	出版社
作者・著者	写真や絵のページ	
分かったこと・みんなに知らせたいこと		
絵や図		
感想・考え		

アイディア12　朝の会や帰りの会のスピーチで本の紹介を

　クラスのみんなの前で行う一分間スピーチ、「パブリックスピーチ」の活用です。パブリックスピーチはいろいろなテーマで、日々2、3人ずつ朝の会や帰りの会を活用して子どもが行います。ときには、そのテーマを「わたしのおすすめの1冊」とします。自分が本から得た感動や情報を的確に伝える機会にします。

●パブリックスピーチの手順

①読んだ本の中からみんなにすすめたい本を1冊選ぶ。

②本の内容と魅力を簡単に一分間にまとめる。

　読み取ったことを相手に伝えるため、簡潔にまとめることがたいせつです。

③本の表紙を見せながら、スピーチをする。

　なるべくメモを見ないで、友だちの方を向いて紹介します。伝えるために話すという複合的な指導になります。

　紹介しようという本を選ぶ力、まとめる力、発表する力がついていきます。

　紹介するのは本のことなので、スピーチの土台に「本の力」があります。どの子どもも本の紹介は自信を持って行えます。発表が苦手な子には、サポートをして自信をつけさせましょう。読書指導としてだけでなく、発表力をつける指導としても意義があります。「おすすめの本の紹介カード」や「ヒミツ調べカード」を利用すると、すぐに行えます。

アイディア13　「読書郵便」で感動を伝えよう

　「読書郵便」とは、自分が読んでおもしろかった本や心に残った本を「はがき」の形式を使って、友だちや先生、家族に紹介するものです。本から得た感動や印象を、相手に伝えます。自分の感動を文章で表現するには、本をしっかり読みこんで、自分の思いを確かめる必要があります。はがきという表現サイズに即して、自分の感動を文章にして、感じたことや内容から受け

るイメージをイラストや絵にして添えます。手軽に取り組め、郵便ごっこの形で子どもたちは楽しんで取り組めます。はがきの描き方に形式をつくらず自由に取り組んだほうが、子どもたちの発想が豊かになります。

◉学校全体で取り組む

　企画や運営は、児童の図書委員会が受け持ちます。本当の郵便のしくみをまねて投函用のポストと配達用のクラスポストを設置して行います。人数が多い大規模の学校は、数を増やして行き先別にポストを用意すると、参加しやすく仕分けも容易になります。はがきは、画用紙などで作成した私製はがきを用意します。本をすすめ合う活動なので、おすすめの本の書名など書誌的事項を必ず書くことを確認して取り組みます。

　どの子にも１枚は届くように、一回目は学年内で相手を決めて交流したり、交流学年で担当児童を決めて交流したりと、配慮をします。２枚目以降は自由に何枚出してもよいことにします。職員室の教職員に出してもよいので、校長先生に出して返事をもらうと、子どもは大喜びします。

　投函用ポストは生活科で使用したものなどがあればそれを活用します。なければ、図書委員会が段ボール箱でつくります。

　取り組み期間の制限もあるので、次のいずれかで、必ず返事を書きます。

- 紹介された本はまだ読んでいないけれど、お礼と紹介の文・絵に対する感想を書く。
- 紹介された本はまだ読んでいないけれど、お返しに自分のおすすめの本について書く。
- 紹介された本を読んで返事を書く。

　家族に向けて書くのもよいことです。家族から返事をもらうと家族間のよい交流になり、家族のきずなにもなります（p.55　アイディア30参照）。

　読書郵便は、他の学校との交流にも活用できます。

行き先別ポスト

クラスのポストは空き箱利用

アイディア 14　子どもどうしの読み聞かせ

　子どもたちがクラスやグループに、上級生が下級生に、あるいは子どもたちどうし1対1で読み聞かせをします。

　小学生が幼稚園や保育所の子どもたちに読み聞かせができます。また、中学生から読み聞かせてもらうこともあります。

　読み聞かせを通して、異学年、異校種間での幅広い交流ができ、豊かな生活を生み出します。読み聞かせをする子どもたちは、対象を考えて読み聞かせの本を選ぶところから取り組みが始まります。今まで読んだ絵本の中からだけでなく、学校図書館を大いに活用して選書をさせます。

　学級の中での読み聞かせの交流は担任が、学校全体での取り組みや学校外との交流は、司書教諭が中心になって行います。

アイディア15　ポスターセッションでコミュニケーション力を

　ポスターセッションは個人あるいはグループで作成したポスターに基づいて、説明や意見交換を行う発表方法です。

　自分で調べたことをポスターにまとめて友だちに伝えるという、読書での自己表現化が図れます。話し手と聞き手と両方経験し、内容を考えながら真剣に聞こうとするので、聞く力もつきます。発表した後、質問や意見、感想を交換し合うことでコミュニケーション力も育ちます。1時間で全員発表できるように、少人数で行うので、気軽に発表できるというよさもあります。1年生から取り組めます。

●ポスターセッションの手順

①テーマに沿い、個人やグループで探した資料をまとめてポスターを画用紙や模造紙などで作成する。ポスターの大きさは学年や取り組み方で決める。
　テーマの例：「一冊の本」「作家」「○○がテーマの本」

②タイトル（キャッチコピー）を決めて、見出しや絵の取り入れ方などを工夫して、内容が一目でわかるようにする。

③ポスターが完成したら、発表する内容、予想される質問に対する答えなどを書いたメモを準備する。グループの場合は分担する。

④ポスターセッションを実施する。

- 各発表者が簡単に発表内容を紹介するか、前もって教員が発表する本のタイトル一覧表を作成しておく。
- 聞き手は、聞きたい発表を選択しポスターの前に集まる。
- 発表者はポスターの前で発表する。
- 質問や意見交換を通して考えを深め合う。
- 発表者と聞き手が交代して、何回か繰り返し、全員が発表する。

⑤ 全体で集まってまとめをする。

アイディア16　子どもたちによるブックトーク

　子どもたちに、ブックトークをさせます。子どもたちはブックトークをするために、テーマを考えます。テーマを考える中で自分の問題意識もはっきり自覚できていきます。そして、紹介するために本を真剣に何度も読むようになります。選んだ本のよさを紹介するために、ブックトーク原稿を書くので書く力もつきます。発表時の、話し方、紹介のしかたなどを工夫することで表現力も培われ、読む力だけでなく、多面的な言語の力を伸ばすことができます。ブックトークを経験した後は、本の読み方が主体的で深くなっていきます。

●ブックトークの手順

①ブックトークのよさを確認し、活動の見通しを持たせる。

②グループの場合は3～4人のグループとし、テーマに沿って一人1冊準備させる。1年生から取り組める。個人で取り組む場合は、3年生くらいから学年に応じて2～4冊で取り組む。テーマを決めてから本を選ぶか、今まで読んだ本の中から1冊を選び、その本のテーマを中心に他の本を選ぶか、のいずれかで本を決める。

③本をもう一度よく読んで、紹介する内容をまとめたり、引用する部分を決めたり、伝えるための効果的な小道具の使用の有無を考えたりする。

④紹介する本の順番を考え、本の内容や伝えたい自分の思いをたいせつにして、ブックトークの原稿を150～200字程度で書く。

⑤原稿を見ないで、思いが伝えられるように練習する。

　このとき、個人で取り組んでいる場合には、3～4人を組にして、練習しアドバイスし合う。

⑥ブックトークを実施する。

　紹介された本を展示し、いつでも読めるようにしておく。

アイディア 17　1冊の本でリレー読書

　クラスでリレーのバトンのように1冊の本を回して、読書していく方法です。用紙を用意しておいて、読み終わった後、その用紙に書き込んでから本とともに、次の人に回していきます。紙上の読書会です。同じ本を複数冊用意できれば、クラスで回すのが早くなります。「個の読書生活」が、いつの間にか「クラスの読書生活」に広がっていきます。

　また、グループで1冊の本を回す方法があります。この場合はグループ数だけ違う本を用意します。4～5人グループが八つの場合は8冊違った本が必要です。そのときに用意した本をグループで選ばせたり、本を中心にグループを組んだりすることが、主体的な読みの姿勢をつくっていきます。リレーする順番と日にちを書いた予定表もいっしょに回していきましょう。

　この後、グループで、または全員で読書会をすると、深く話し合えます。

「リレー読書」
ワークシート

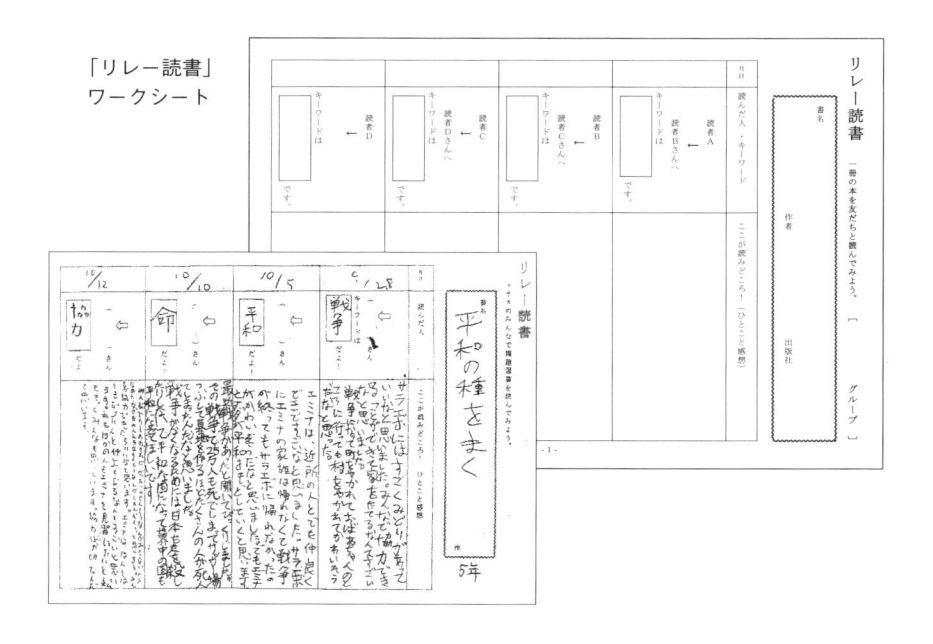

4 読書生活を深化させるために
アイディア 18〜23

　アニマシオンはゲームの手法を使って本の世界を楽しむ取り組みです。みんなで考え話し合いながら読解力、表現力、コミュニケーション力を伸ばすことができるのがアニマシオンのよさです。

　アニマシオンはフランスが発祥の地といわれています。日本には、スペインのモンセラット・サルト氏の読書へのアニマシオンが最初に紹介されました。『読書へのアニマシオン　75の作戦』（モンセラット・サルト著　宇野和美訳　柏書房　2001年）では、75通りの方法が紹介されています。

　『フランスの公共図書館60のアニマシオン』（ドミニク・アラミシェル著　辻由美訳　教育史料出版会　2010年）は公共図書館におけるアニマシオンを紹介していますが、学校のクラスを対象にしたものも掲載されています。

　それらを参考にしながら、教員自身のやりやすい方法でアレンジして、楽しみながら、子どもたちの読む力を引き出していければよいと思います。

　クラス全員が同じ本を一人1冊持って行う作戦は、本の準備が大変になります。ここでは教員の読み聞かせでできる方法を紹介します。

●ダウトを探せ

　耳で聞き取る間違い探しです。読み手の教員が2回続けて同じ話を読みます。2回目に読んだときに間違っているところを発見したら、子どもたちは、「ダウト」と大きな声で言います。より注意深く聞く力が育ちます。

●この人いたかな、いなかったかな？

　絵本を読んだ後、「登場人物リスト」を配ります。登場人物がいたか、いなかったか、だれが何を持っていたかなど、リストに○×を記入したり、登

場人物を書き入れたりします。全員が書き終わったら、順に発表していきます。発表しながら答えを確認し、場面について質問したり話し合ったりしていきます。絵をよく観察する力や聞く力を育てます。

●本の題名は？

　本を読み終えた後、自分で本の題名を考えます。ふさわしい題名は何かと考えることは、その本の内容、主題を深く考えることになります。主題を意識し、それでいて人を引きつける題名を考え発表し合います。その中から、一番ふさわしい題名をみんなで話し合い選びます。話し合いを通して読み方も深まっていきます。

アイディア 19　ミニビブリオバトル・ビブリオトークにチャレンジ

　ビブリオバトルとはbiblio（本）のbattle（戦い）で知的書評合戦といわれます。公式ルールは、

①発表者（バトラー）は一般的には5分間で本の紹介をする。発表者は必ず5分間を使い切る。原稿を読むということでなく、本以外何も持たないで、ライブ感を持って発表する。

②その後、2、3分間で発表に関する質問タイムを持つ。これが発表者と聞き手の交流になる。

③すべての発表が終わった後に、どの本が一番読みたくなったかを参加者全員で投票し、最多得票本をチャンプ本とする。

　キャッチコピーは「人を通して本を知る、本を通して人を知る」です。小学校

ビブリオバトルワークシート

ビブリオバトルをしよう

紹介する本		
番号	著者・作者	出版社

発表のためのメモ		
	かんたんにメモ	紹介したいもの3つか4つに○印
この本との出会い		
この本を紹介しようと思った理由		
かんたんなあらすじ・本の紹介		
お気に入りの登場人物		
お気に入りの場面・心に響く文章やせりふ		
この本を読んで感じたこと・伝えたいこと		
著者・作者について（ほかの作品など）		

では5分間ではなく、3分間で行うミニビブリオバトルがよいでしょう。全校集会で行ったり、学校図書館で図書委員を中心に行ったりするなどイベントとして取り組めます。国語科等の授業として、クラス全員参加で行う場合は、4〜5人のグループで行い、グループでチャンプ本を決めます。そして、グループのチャンプ本を同じように全体で発表紹介し、全体のチャンプ本を決めます。各自が発表しようとすることで、あらすじや感想の紹介だけでなく、読んだ本への分析力や思考力など、各自の読みが深くなります。紹介してもらうことで、読もうとする本の幅が広がります。質問力もついていきます。

　また、一人や数人で1冊の本を紹介するビブリオトークもあります。ビブリオトークは最後にチャンプ本を決めるのではなく、読んでみたくなった本の調査をするだけです。たとえ、一人でも読んでみたくなった人がいたら、紹介をした価値があるという考え方です。

　ビブリオバトル、ビブリオトーク、いずれにしても、テーマを決めて紹介することもできます。例えば、本の選択を「学校図書館の蔵書の中から選ぶ」ことや「友情」や「冒険」などのテーマを設定しての取り組みも考えられるということです。また、各教科の授業でも設定できます。

　発表は、原稿を読みませんが、ワークシートを作成するなど発表しやすい手立てを考えて取り組みましょう。

アイディア20　読書会を開こう

　読書会は本で感動したことを話し合い、交流する場です。話し合うことによって、感動の体験を仲間と共有したり、一人の読みでは発見することができなかった感動や思いに触れたりすることができ、さらに自分の読みを深め、広げることができる場になります。

　また、進んで話したり共感的に聞いたりする力を高めることができます。コミュニケーション力を高めるためにもこれから重視されていく読書指導です。「主体的、対話的で深い学び」の読書活動につながります。

読書会にはさまざまな形があります。授業で行う場合は、担任や司書教諭、学校司書が担当しますが、図書委員会や有志での読書会は、司書教諭や学校司書が担当します。

　読書会での姿勢をあらかじめ確認しておくと、よりよい読書会になります。
〈読書会の話し合いでたいせつなこと〉

- 相手の話を受け止める姿勢（目線・うなずく・表情など）を持つ。
- まず、肯定・共感の言葉で受け止める。
- 書いたことを読むのではなく、自分の言葉で話す。
- 会話を途切れさせない。

◉**読書すいせん会 〈本を指定しないで行う読書会〉**

　自分が読んだおすすめの本を持ち寄り、感想を発表したり、紹介したりする形での読書会です。これは、自由に持ち寄る方法とテーマを決めて持ち寄る方法があります。テーマを決める場合にはなるべく広いテーマにします。例えば、「平和」「家族」などや、作者「椋鳩十」「宮沢賢治」などです。この読書会形式は実施しやすく、グループ4人くらいで何度か繰り返すうちに意見交換も活発になっていきます。このとき、本の紹介文や本の帯に記されたキャッチコピーなども活用するとより楽しくなることでしょう。

◉**読み聞かせで読書会**

　学級担任や教科担任、司書教諭が1冊の本を読み聞かせして行う読書会です。読み聞かせには、絵本や短編小説が向いています。絵本には、さまざまな世界観、価値観が広がっています。どんな読書会にしたいかを考えてテーマに合った絵本を選びます。同じ本でも学年の段階に応じて話し合いのテーマや内容の重さが変わります。1年生からでも話し合えます。

　まず、これから読む絵本の表紙や書名から、どんなお話が想像できるかを考えさせます。簡単に想像を言い合った後、読み聞かせをします。想像した通りなのか、違っているのか、興味を持ちながら聞くことができます。読み聞かせ終了後、想像したことと比べてどうだったのか、どこが印象に残ったのか、どう思ったのかなど話し合ってみるといいでしょう。

また、最後まで読んで話し合う方法と、途中まで読んで話し合う方法があります。

　途中まで読んで話し合う場合には、最後はどうなるのか、作者はどちらを選択するのかなどと話し合えます。

　例えば、『ヤクーバとライオンⅠ勇気』は勇気とは何だろう、主人公のヤクーバはどちらを選択するのだろうか、などと話し合えます。必要に応じて『ヤクーバとライオンⅡ信頼』も読み聞かせをします。『ライオンのしごと：どうぶつさいばん』では、裁判長が判決を出す前まで読み聞かせをすることによって、ライオンは有罪か無罪かを話し合えます。途中まで読んで話し合うことによって、その本がより身近になります。そして、より深く考えながら本を読んでいくことのおもしろさや話し合いの楽しさを学びます。

　短編では、『ぼくのお姉さん』『銀のうさぎ』や『シートン動物記』なども活用できます。

●ペア読書

　ペア読書とは、二人で同じ本を読んで、感想や疑問を話し合う読書会です。話し合うことで作品も読み深められます。各自が１冊本を持ち、全部読み切らなくても60ページまで、次は100ページまでなど区切りやすいページまで読み進めて話し合う……と繰り返して話し合うこともできます。読む範囲を区切ることで、少し難しい本にも挑戦することができます。ペア読書でコミュニケーション力を培っていくことで多人数での読書会にも楽しんで参加することができるでしょう。

●ペアで絵本読書会

　二人一組になって、１冊の絵本でペア読書会ができます。まず絵本の表紙を見ながら、どんな内容の本かを話し合います。１・２年生でもコミュニケーションをとることができます。特に、絵本は表紙に始まって表紙に終わるというほど、絵本作家は表紙や書名に思い入れを持ちながら、その本の内容を象徴的に描いています。そして、１ページずつお互いに読み聞かせをしていきます。ページをめくる前に、絵を指しながらそのページで感じたこと

を話し合うこともできます。全部読み終えた後、想像した通りなのか、違っていたのか、また印象に残ったことや思ったことなどを話し合います。気負わずに活発に話し合うことでコミュニケーション力も育てていくことができます。低学年からコミュニケーションの取り方や読み深め方を楽しみながら学んでいけますが、高学年でも同様に取り組むことができます。絵本のテーマによっては、深く考える力もついていきます。読書会の基礎はこのペア絵本読書会で培われていきます。

◉リレー読書後読書会

　クラスやグループで本を順番に回して読むときに、感想を簡単なカードに書き込んで、そのカードも本といっしょに回します（p.33　アイディア17参照）。そのカードを基にしながら話し合いをします。

◉立ち止まり読書会

　4人くらいのグループを組んで、指示するところまで読んでいきます。早く読み終わってもその先は読みません。元に戻って読み直します。そして、話し合いの時間になったら、感じたこと思ったことを伝え合います。次に、先がどうなるかを想像します。想像したことも伝え合います。読む、話し合う、先の想像をして伝え合う。それを3回程度くり返して1冊の本を楽しむ読書会です。

　なお、4人くらいの少人数なので、司会者は置かないで自然な会話が弾むように自由に話し合い、先を予想します。

◉リテラチャーサークル

　「リテラチャーサークル」はアメリカで始まったグループディスカッションを中心とする読書指導です。指導者が本を何種類か紹介し、子どもは読みたい本を選びグループをつくり、読書をし、話し合う形式です。

　ここではハーベイ・ダニエルズ氏のやり方を紹介します。役割を分担することで、さまざまな視点で本を読んだり、グループで話し合ったりすることを通して、本を読み深めていくので、本の魅力を共有できます。読書のおもしろさやみんなで読む楽しさが実感でき、読書が苦手な子どもたちの意欲向

上につながります。また、進んで話したり、他のグループのメンバーの意見を共感的に聞いたりすることでコミュニケーション力も高めることができます。

〈方法〉

①4人を基本とし、3～5人のグループが同じ本で話し合えるように、数種類の本を少し難易度の幅を持たせ、読みごたえがあり魅力ある本を5冊ずつ用意する（人数が多くならないほうが、一人の話す時間が確保できる）。

②指導者（学級担任・司書教諭・学校司書）が本を紹介する。

③参加する子どもは、自分の読みたい本を選ぶ。同じ本を選んだ者どうしがグループをつくる。

④読む時間を指導者が決める。グループのメンバーは、役割分担と読む範囲を決める。子どもが読む範囲を決めるのに時間を要するようであれば前もって指導者が読む範囲を決めておく。付せんを貼っておくとより明確になる。

⑤自分の役割を意識しながら決めた範囲を読む。読みながら役割シートに記入していく。

〈役割〉

コネクター （つなぎ屋）	本の中に書かれていることと自分の経験や知識とを結びつける。
クエスチョナー （質問屋）	読みながら浮かんだ質問・疑問を書きとめていき、提案する。
イラストレーター （イラスト屋）	本を読んで得たイメージをかんたんに絵や図に描いてみる。
リテラリー・ルミナリー （段落屋・いいところみつけ屋）	優れていると思った表現、だいじだと思った箇所を取り出して紹介する。
ワードウィザード （言葉屋）	文中の「特別な」言葉を見つけて紹介する。

⑥読む時間が終了した後、グループでそれぞれ役割に沿って発言し、話し合う。

⑦読み終えたところで、各グループの内容を全体に報告する。

⑧長編の場合は1回で終わらせず、2～3回にわたって④～⑦を行い、1冊の本を読み通す。そのときには、残りの部分を何等分かして、あらかじめ役割を決めてシートに記入していき、話し合いのみを行うというやり方をとることもできる。役割は毎回変え、全員がいろいろな役割を体験できるようにする。

全国学校図書館協議会発行の「集団読書テキスト」のシリーズは、集団読書用に編集されており、指導書もあり、種類も豊富で安価なので、読書会に適しています。ページ数の多い本を読んだ充実感を味わえる読書会には、これまでの青少年読書感想文全国コンクール（全国学校図書館協議会・毎日新聞社／主催）の課題図書も活用できます。この課題図書は、学校図書館に複本がある場合も多く、その場合は容易に複数冊が準備できます。公共図書館も利用して、魅力のある本を準備しましょう。

また、やり方になれてくると、自発的に子ども自身が友だちと読書会を行えるようになります。そのときは、学校図書館の場所の提供や選書など司書教諭や学校司書が積極的に相談にのりましょう。

アイディア21　読書ボードをつくる

どの読書会でも、読書ボードをつくることができます。話し合いが終わった後、各自がカードに本やみんなで話し合ったことを含めて、の感想を簡単に書きます。Ｂ４やＡ３の用紙にレイアウトを相談しながら、書名・作者名を書きます。キャッチコピーを全員で考えます。そして、各自の感想カード

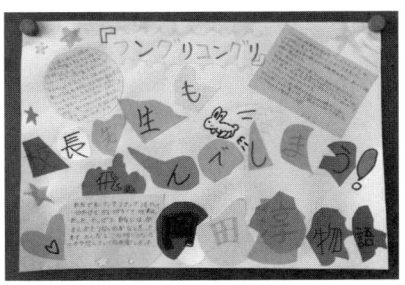

感想を書いた紙を貼ってつくる
「読書ボード」

を貼ります。時間があれば絵を描き加えます。これで、読書ボードのしあがりです。全体でグループのキャッチコピーやボードを紹介し交流し合います。学級や学校図書館に掲示することで、本の紹介や読書会の奨励にもつながります。

アイディア22　読書感想文で本と自分を見つめる

　読書感想文を書くことで、子どもたちがより本好きになるような取り組みをしましょう。

　読書感想文は、本を読み込み、感動したことや考えたことを伝えるもので、文章を書く行為としてはたいへん高度なものです。そこにはきちんとした指導が必要です。本が好きになるか嫌いになるかも、指導のありかたで決まってくるともいえます。

　読書感想文をすぐに書き始めるのではなく、まず、

- 読書記録カードや読書記録ノートを書く。
- 本からの書きぬきをする。
- おすすめの本の紹介カードを書く。

などを日常的に積み重ねているうちに、これをもっと詳しく伝えたいという気持ちがわいてきます。その伝えたい気持ちを文章に表そうとすることで、より深く本の内容や自分自身を見つめることになります。つまり、読書感想文を書くということは、自分を深く見つめるということです。本を読む喜びを心から実感できる体験になります。

　そこで、読書感想文を書くための次の指導過程をたいせつにしていきましょう。

①本選び…感動したことを伝えたくなるような本を選ぶ。

②本の読み方…少なくとも3回は読む。

　　1回目は、おおよその感想や感動を持ちながら読む。

　　2回目は、1回目の感動を確かめながら、気がついたところ、心に残った

ところにしるしをつけたり、付せんを貼っていったりする。できたら付せんにメモを書く。

　3回目は、付せんやしるしをつけた「感動したところ」を中心に読みこんで、重要なところを書きぬき、自分の考えも書き加える。

③感想文を書く…書き出しの工夫、結びの工夫、文の構成を考える。

　書き出しのパターンの紹介があると、書きやすさにつながる。文の構成は、はじめ、なか、結びを意識する。

　そして、原稿用紙にいきなり書くのではなく、次ページのような「読書感想文メモカード」やシートに書かせるなど、段階を追って書かせていくと、自分の考えをまとめながら取り組んでいけます。

　読書感想文は、読書会をした後に書くこともできます。みんなの意見も参考にできるので、自分の考えに幅や深さも出てくるはずです。

　また、読書感想文集を読ませることも効果的です。読書感想文とはどういうものかがわかり、感動の伝え方も学べます。

　読書感想文集として、全国学校図書館協議会編『考える読書』（毎日新聞社刊）があります。

アイディア23　　読書感想画で本の世界を深めよう

　本を読んで印象に残ったイメージや感動を、絵に表現したものが「読書感想画」です。感動を絵に描く活動を通して、本の世界をより深く自分のものにしていくことができます。

①題材の本を決める。

　題材の本は、読み聞かせをするとよいでしょう。子どもは表紙の絵や挿絵

読書感想文メモカード

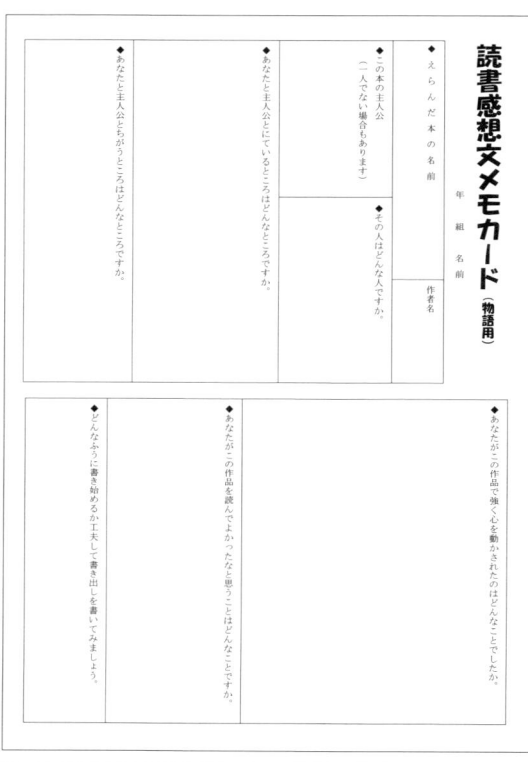

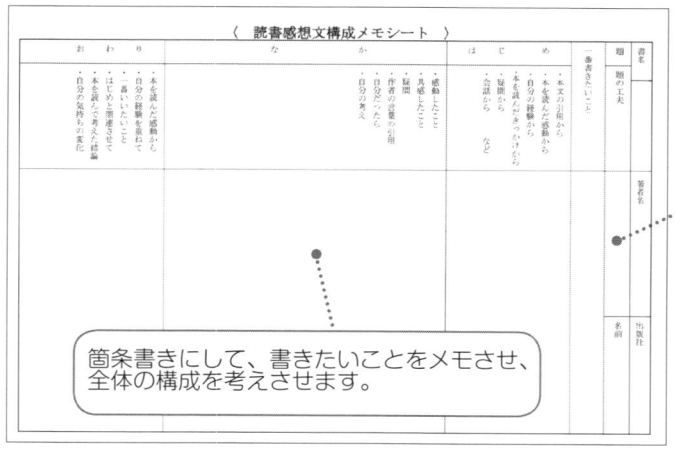

のイメージにとらわれやすいので、表紙や挿絵は見せないで、知らない言葉や分かりにくい表現があれば、説明を交えながら、ていねいに2回以上読む。児童書の場合は各自が本をしっかりと読み込む。

②イメージをメモする。

　どんなお話だったか振り返り、イメージを広げて言葉で表現し、簡単な絵でメモしてみる。

③下書きをする。

　言葉や絵のメモをもとに、どんな画面にしたら自分の思いや感動を表せるか、いくつか下書きをしてみる。その中から選んだり、組み合わせたりして画面の構成を考えていく。動物や風景、建物など、具体的に浮かびにくい場合は、写真や図鑑を参考資料として活用することもできる。

④想像を広げる。

　下絵ができたら、周りの様子、天気、時間などにも想像を広げていく。

⑤配色や構図を考える。

　どんな紙に、どんな画材で表現するともっとも効果的なのか、いろいろと試して、配色や構図を考えて制作する。

⑥鑑賞会を開く。

　絵が完成したら、鑑賞会を開き、お互いの作品のよさを見つけて認め合う場を持つ。

　図工専科の教員がいる場合には、司書教諭が連携を取って取り組みましょう。

第28回読書感想画中央コンクール
文部科学大臣賞（小学校低学年の部）
作品名「くじゃくのジャック」
沓澤よつば（山形県新庄市立日新小学校1年）
読んだ本『くじゃくのジャックのだいだっそう』（文研出版）

5 読書活動を楽しむために
アイディア 24〜26

アイディア 24　つくって楽しもう

●本の帯をつくる

　本につける帯づくりをするのは楽しいものです。帯づくりをするためには、まず、刊行されている本の帯にどんなことが書いてあるかを調べます。そして、自分が帯をつける本の内容を把握し、帯に入れる内容やデザインなどの表現を工夫します。

　あらすじ、本文の一部分、主人公の絵、シリーズの紹介、コマーシャル言葉、作者名などを、大きい字、小さい字などを組み合わせて書きます。用紙も種類や色を工夫します。

●ポップをつくる

　紹介したい本をわかりやすくポップで伝えましょう。本の特徴や魅力を効果的な方法で表現します。書名・著者名・出版社名は必ず入れます。

　読みやすく、わかりやすく、きれいに、端的に、読んでみたくなるように、言葉で素直な感動を伝えます。

　作成してそれで終わりにするのではなく、学級全体やグループで、工夫したところを発表し合います。ポップと本はセットにして、帯はそのまま本につけて展示します。学校図書館の本なら、学校図書館に展示しましょう。

●リーフレットや新聞をつくる

　リーフレットとは案内や宣伝のために作られた1枚の印刷物です。紹介したい本や作者などを取り上げて、リーフレットや新聞形式でまとめていくこともできます。リーフレットの場合は、いくつに折るのか、広げたときの全体のデザインなども考えて作成していきます。ブックドアやライブラリ・ナ

ビなどの形式がよく活用されます。新聞は割り付け、構成を考えて取り組みます。いずれにしても取り組んだ本、テーマ、作者に思い入れができていきます。

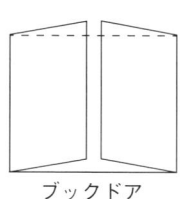

ブックドア

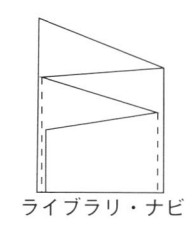

ライブラリ・ナビ

●読書標語をつくる

　読書に関する標語を全校から募集します。また、保護者から募集するのもいいでしょう。その中のいくつかを図書委員会で選び、校内のあちこちに掲示します。校内に掲示するだけでも読書への雰囲気づくりに役だちます（p.10 アイディア3参照）。本のよさや読書のよさが、標語からも子どもたちに伝わります。

- 「よんで　よんでと　本が　図しょかんで　まっているよ」
- 「本開き　昔に未来に　タイムスリップ」
- 「ちいさな一冊から　教わった　生きる道」
- 「読めば読むほど　本と　ともだち」

●読書俳句をつくる

- 「ぼうけんの　ページ広げて　春の風」
- 「秋の夜長　本を楽しみ　時過ごす」
- 「カエル鳴く　図かん広げて　よび名をさがす」

　1冊の本を読み終えた後、その本に関する俳句をつくることもできます。

- 『夏の庭』を読んで…「知らぬまに　いのちの重み　夏の庭」
- 『わすれられないおくりもの』を読んで…「ありがとう　心のひびき　春の丘」など。

アイディア 25　つくったものを公共図書館でも展示・掲示

　つくった作品を学校図書館や学校内で展示・掲示するだけでなく、本の帯、ポップ、リーフレット、新聞などで紹介した本が、公共図書館に蔵書としてある場合には、公共図書館でも展示・掲示してもらいましょう。読書標語や読書俳句は魅力あるレイアウトを考え印刷するなどして、公共図書館へ掲示をお願いしましょう。

　子ども読書の日・読書週間・読書月間の期間限定の取り組みとしても考えられます。公共図書館の利用促進にもつながります。連携として考えていきましょう。公共図書館への最初の橋渡しは、司書教諭が行いましょう。

アイディア 26　読書週間・読書月間

　学校で行う読書週間・読書月間は、学校行事に位置づけ、目的をはっきりさせて取り組みましょう。

　1年に一度の場合は、全国的な「読書週間」(10月27日〜11月9日。文化の日の11月3日をはさんで前後2週間)と関連づけて、10月下旬から11月上旬にかけて実施すればよいでしょう。月間で行う場合は、10月か11月に行います。1年に2回行う場合は、もう1回は5月下旬から6月上旬くらいに実施するとよいでしょう。

　5月には「こどもの読書週間」(4月23日〜5月12日)、「子ども読書の日」(4月23日)もあります。これらに関連づけて行うこともできます。また、「絵本週間」(3月27日〜4月9日。国際子どもの本の日の4月2日を挟んで前後2週間)もあります。

◉期間内に行うさまざまな活動

●ブックチャレンジ

　読まされる読書ではなく、自分で決めた目標に向かって読書する取り組みです。

　1年間で取り組む方法もありますが、期間限定で読書週間や読書月間で取

ブックチャレンジの目標を記入するシート

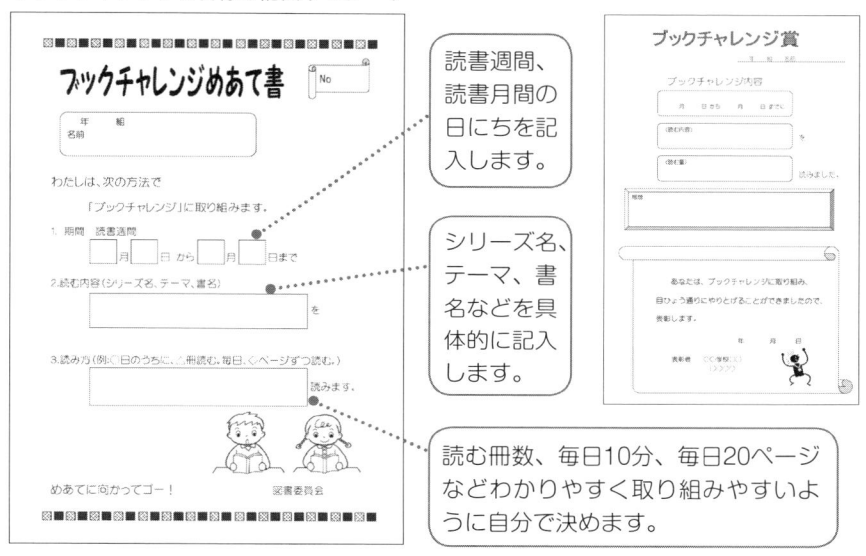

り組めるので、だれもが意欲的に取り組みやすいというよさがあります。

〈目標の例〉

- 読書月間中に5冊読む。
- 読書月間中に500ページは読む。
- 毎日10分は読む。
- 毎日10ページは読む。　　など

　全員が達成できるよう目標設定の段階で学級担任が助言をします。ふだん本を読まない子どもが、200ページの本1冊でも読み切ることなどを目標にします。

　目標が達成できたら、チャレンジ賞を出しましょう。チャレンジ賞は学級担任が出しますが、ときには、司書教諭や学校司書、校長先生からもらったりすると、さらに子どもたちの意欲が高まることでしょう。

●読書の木

クラスみんなの読書記録を掲示で増やしていくのも一つの方法です。読書週間で目標が達成できたら、木の葉に見たてたカードに児童の名まえを書いて貼ったり、読んだ本を書いて貼ったりします。みんなで一つの木をしあげていくところに楽しさがあります。学校図書館が中心になって学校全体で取り組んでもよいでしょう。

● 読書ビンゴ

楽しみながら読めるようにビンゴ用紙を図書委員会や司書教諭、学校司書が準備します。図書委員会作成のしおりなどを景品として用意します。

ビンゴ用紙には、マスの中に、読んでもらいたい本の書名や、幅が広がるように分類記号を指定するなどしたほうが、ゲーム感覚で楽しめます。空白欄は、各自が好きな本を読んで書き入れます。実際に読んだ本に色を塗ると、ビンゴになるという仕掛けです。

読書月間中に、ビンゴ用紙のマス目に全部色が塗れるとビンゴパーフェクト賞、ビンゴができるように本を読むとビンゴ賞を図書委員会が出します。

低学年のビンゴはマスが25マスでも大丈夫ですが、中学年・高学年は、1冊のページ数が多いので、マスを16マスや9マスに減らすとよいでしょう。

● 本の福袋

どんな本が中に入っているか分からないお楽しみの「本の福袋」を貸し出します。中には1〜3冊の本を

読書ビンゴの用紙①

1・2ねんようどくしょビンゴ				
どろんこハリー				くまの子ウーフシリーズ
	かさこじぞう		じめんのなかのいきもの	
		からすのぱんやさん		
はははのはなし	たんぽぽ	1ねん1くみシリーズ		おおきな木がほしい

読書ビンゴの用紙②

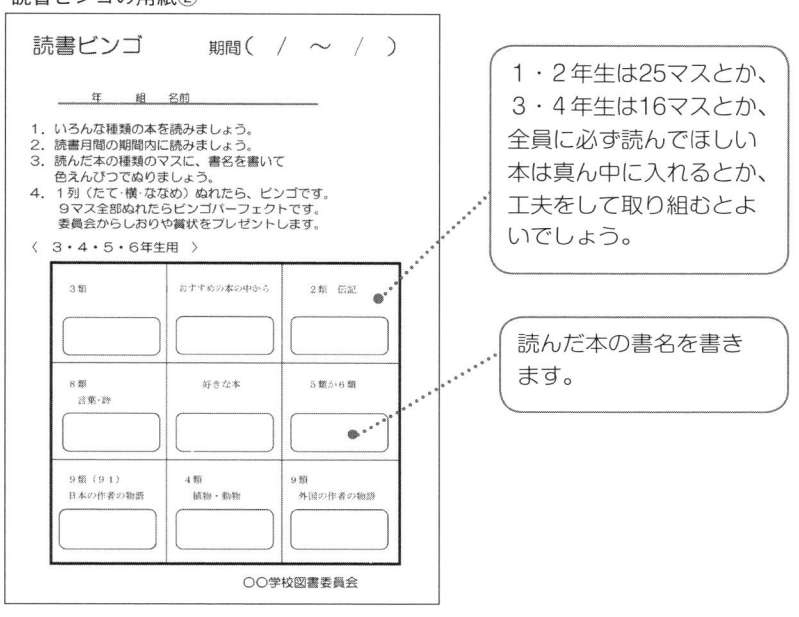

読書ビンゴ　　期間（　／　〜　／　）

年　組　名前

1. いろんな種類の本を読みましょう。
2. 読書月間の期間内に読みましょう。
3. 読んだ本の種類のマスに、書名を書いて色えんぴつでぬりましょう。
4. 1列（たて・横・ななめ）ぬれたら、ビンゴです。9マス全部ぬれたらビンゴパーフェクトです。委員会からしおりや賞状をプレゼントします。

〈 3・4・5・6年生用 〉

3類	おすすめの本の中から	2類 伝記
8類 言葉・詩	好きな本	5類から6類
9類（91） 日本の作者の物語	4類 植物・動物	9類 外国の作者の物語

○○学校図書委員会

1・2年生は25マスとか、3・4年生は16マスとか、全員に必ず読んでほしい本は真ん中に入れるとか、工夫をして取り組むとよいでしょう。

読んだ本の書名を書きます。

入れ、英字新聞などでくるみます。表には、低・中・高学年の色分けカードを貼ります。場合によっては、簡単なコメントを書きます。9分類の本だけでなく、科学の本や写真集などふだん手に取られにくい本を提供もできます。

● 全校職員での読み聞かせ

　アイディア6（p.17）の「全校職員での読み聞かせ」を読書月間の取り組みとして行います。

● ビブリオバトル・ビブリオトーク集会

　アイディア19（p.35）のビブリオバトルやビブリオトークを読書月間の取り組みとして行います。

● 読書郵便

　アイディア13（p.28）の「読書郵便」を読書月間の取り組みとして行います。

6 | 豊かな読書指導のために
アイディア 27〜30

アイディア 27　読書活動年間計画を立てよう

　子どもたちの読書の幅を広げ深めるために、授業での意図的・計画的な働きかけが重要です。司書教諭が中心になって、全校の読書活動年間計画とともに学年ごとの読書活動年間計画も作成していく必要があります。

アイディア 28　ブックリストをつくろう

　子どもたちが読書生活を日常化していくためには、読んでみたい、読んでおもしろかったと思う本に出会うことがたいせつです。学校図書館の書棚の前には、どの本を読もうか迷っている子がいたり、安易に本を選んだりしている子どもがいたりします。そんなときに、おすすめの本を紹介しているブックリストが手元にあれば、本を探す手がかりになるでしょう。

◉学校のブックリスト

　読書への道案内として、学校のブックリストを司書教諭、学校司書が中心になり学校の職員全体でつくってみましょう。ブックリストは、これは読んでほしいという教員の思いを表しているものです。作成することは、本の内容の吟味になり、職員全体の読書への意識を再確認するよい機会にもなります。

　ブックリストは作成の目的を明確にし、発達段階やいろいろな分類を考慮したものにしていきます。ブックリストには、書名、著者名、出版社名、出版年などの情報のほかに、必ず所在記号や簡単な内容紹介の文章を加え、目的の本が探しやすいようにします。また、保護者からもおすすめ本についてアンケートを取り、保護者の意見を取り入れたブックリストを作成すること

小学校４学年読書活動年間計画（例）

月	めあて	指導内容・関連読書活動	国語科との関連	参考図書
4月	１年間の読書のめあてをたてよう	前年時の読書記録ノートを参考に今年度の読書のめあてを持たせる 「読書記録ノート」 「心に残ったよカード」	『春のうた』 『白いぼうし』	『なきむしおにごっこ』 『くもりガラスのむこうには』 『車のいろは空のいろ』 『オズの魔法使い』
5月	学校のおすすめ本を読もう	「おすすめの読書リストカード」 ブックトークで学校推薦図書の紹介		学校おすすめの本 『ぼくは貝の夢をみる』
6月	良い本をみつけ友だちに紹介しよう 読書感想文の課題図書を読もう	「わたしのおすすめの本」を紹介し合い、すすめられた本を進んで読んでみようという意欲を育てる 課題図書等で「リレー読書に取り組む」	『一つの花』	『すみれ島』 『おかあさんの紙びな』 『ひろしまのピカ』 『おきなわ島のこえ』 『平和の種をまく』 課題図書
7月	読書感想文の課題図書を読もう 夏休みの読書計画をたてよう	「ぼくのわたしのポスターセッション」で本の紹介をし合う 夏休みの読書計画 公共図書館の利用	『かげ』	『絵くんとことばくん』 『セロ弾きのゴーシュ』 『ウエズレーの国』 課題図書
9月	読書感想文を書こう 詩を読もう	感想文を書くための本の選定から推敲までの感想文指導を行う （夏休みの宿題とする場合は、7月に行う）	『忘れもの』 『ぼくは川』 『手と心で読む』	『夕日がせなかをおしてくる』 『いのちのおはなし』
10月	いろいろな分類の本を読もう	日本十進分類法の確認といろいろな分類の本に挑戦する意欲を持てるようにする 「読書ビンゴ」に取り組む	『ごんぎつね』 （図工） 読書感想画	『おじいさんのランプ』 『てぶくろを買いに』 『狐』『マヤの一生』 『こんなふうに作られる！』
11月	本を通して交流しよう 〈 読書月間 〉	「読書郵便」「他学年との読み聞かせ交流」「ぼくのわたしのブックトーク」「読書標語」に取り組む		『手で食べる？』 『１００万回生きたねこ』 『ルドルフとイッパイアッテナ』
12月	長いお話の本を読もう	長編をじっくり読む意欲的な姿勢を育てる	『三つのお願い』	『長くつしたのピッピ』 『クオレ』 『エミールと探偵たち』
1月	科学の本を読もう	新しい知識を得る喜びを感じさせ、科学的な読みを深めさせる 「ヒミツをみつけよう」	『のはらうた』 『ウナギのなぞを追って』	『シートン動物記』 『ビアンキ動物記』 『ノラネコの研究』 『ミミズが鳴くってほんとう？』『森を育てる生き物たち』
2月	昔話・伝記を読もう	伝記をブックトークや読み聞かせで紹介をし、自分以外の人の生き方にも興味関心を持たせる	『額に柿の木』	『あきらめないこと、それが冒険だ』『マザー・テレサ』 『天と地を測った男』
3月	読書のまとめをしよう	１年間の読書生活を振り返る 「後輩へのブックリストづくり」 心に残ったカードから「アンソロジー」づくり	『初雪のふる日』	『雪窓』 『ねこじゃらしの野原』 『大どろぼうホッツェンプロッツ』

は、家庭も巻き込んだ読書への意識向上につながります。そして、学校のおすすめブックリストが決まったら、その本は複数冊用意をして、子どもたちの手に渡りやすいようにしましょう。

　ブックリストには、「わが校のおすすめ〇〇冊！」「どんどん読もうリスト」などとリストにタイトルをつけると親しみがわきます。

　多読競争になってはいけませんが、学校のブックリスト・おすすめの本を読了した子どもには、読了賞を学校図書館や校長から出すと励みになることでしょう。

◉テーマ別ブックリスト

　学校行事や授業のテーマに沿った本をブックリストにして紹介します。例えば、「宮沢賢治」「椋鳩十」「岡田淳」「修学旅行」「お月見」など、著者やテーマで、司書教諭や学校司書がリストアップしカードにして、学校図書館に置いておくと、子どもたちが見るだけでなく、レファレンスのときにもすぐに活用できます。

◉クラスでつくるブックリスト

　これは、子どもたちがつくるブックリストです。アイディア10（p.26）の「おすすめの本の紹介カード」が、そのまま全員のブックリストになります。紹介文だけでなく、書名、著者名、出版社名も明記します。本のある場所や個人持ちの本はそのこともはっきりさせておくと、すぐに借りて読めます。

　コピーして印刷し、とじて配付すると、クラスのりっぱなブックリストになります。

◉下級生へのブックリスト

　これも子どもたちがつくるブックリストです。子どもたちに、下の学年へのおすすめリストを作成させると楽しんで取り組みます。今年度、読んで楽しかった本、役にたった本など、「来年度〇〇年生になる君たちへ贈る〇〇冊」「卒業生から新入生へ贈る〇〇冊」など。

　子どもたちは、友だちどうしのおすすめの本にとても関心があります。贈ってもらった学年は、上級生を身近に感じて早速読むことでしょう。そのとき

にたいせつなことは、リストにあがった本は学校図書館に用意し、すぐに手に取れるようにしておくことです。

◉パスファインダーをつくろう

テーマ別や作者別にパスファインダーとして、1枚のカードにしておくとより便利です。

アイディア 29 　すべての子どもに読書の機会を

発達障害を含む障害のある子どもや日本語に支援を必要とする子どもも読書を楽しめるようにする配慮が必要です。実態によって、点字図書、音声図書、大活字本、LLブック、マルチメディアデイジー図書、外国語による図書などをそろえたり、読書補助具、拡大読書器、電子図書等の整備も考えたりする必要があります。読書補助具のリーディングトラッカー（リーディングスリット、タイポスコープ）は、障害がなくても読みの苦手な子どもも気軽に使用できるように、「集中して読みたい人へ」と案内してカウンターに常備しておくとよいでしょう。マルチメディアデイジー図書は実際の本と対応できるように1冊を1枚のDVDに入れておくと、実際の本で選んでからパソコン画面で見るなど便利です。視聴後も、実際の本を手に取り、本と親しむこともできます。DVDと実際の本をセットにして貸し出すことも考えられます。

アイディア 30 　家庭読書で家族のきずなを

家族で読み聞かせをしたり、子どもが本を読むのを親が聞いてやったり、家族で同じ本を読み合ったりするのが、「家庭読書」「ファミリー読書」「家族読書」「家読（うちどく）」です（言い方はいろいろあります）。本を通して家族のコミュニーションを図り、家族のきずなを深めながら、読書への関心を高め豊かな心を育てていきましょう、という取り組みです。

取り組んだ内容を簡単に記録していくと、家族史にもなっていきます。子どもたちは忙しい生活をしていますが、大人も時間に追われる日々を送っています。家庭読書を応援するために、学校で「家庭読書の日」をもうけてみましょう。家族のだれかがが自分のために本を読んでくれていることに、家族の愛情を感じ心の満足を得ることでしょう。読み合うのは、父母だけでなく祖父母や兄弟とでもいいですよ、という家庭環境への配慮も必要です。

　家庭での取り組み方を保護者会などで話し合うのも効果を高めます。

　そして、時には家族へ「この本良かったよ」とはがきなどの郵便を送る取り組みもいいでしょう。

　また、全校一斉に　その日だけは「宿題なしの日」として、読む時間や話し合う時間を確保すると、より家庭読書が意識されることでしょう。

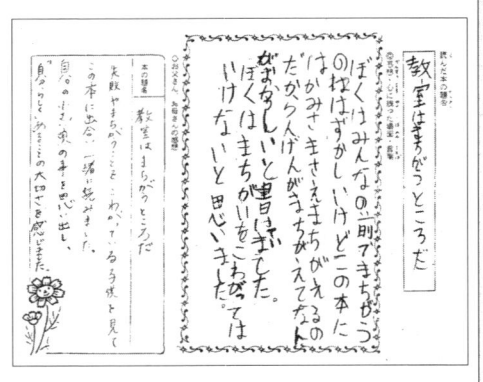

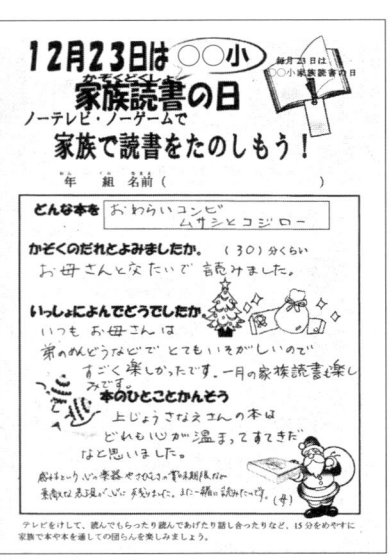

おわりに

本と子どもをつなぐ人がいれば、子どもは本が好きになります。読書が苦手な子にも「本は楽しい」と思えるように、全体指導とともに個別指導もたいせつにしましょう。そして、まず、本のことなら〇〇先生に聞けばだいじょうぶ、と信頼を寄せてもらえるように、良質で幅広い情報をたくさん持ちましょう。

　言葉が足りなかったり、書ききれなかったりしたことがたくさんありますが、この本を手にとってくださった方には、子どもたちと本をしっかりとつないでいってほしいという思いで書きました。子どもたちとともに読書を楽しみながら、できるところから読書指導に取り組んでいってくださることを願っています。

本書で取りあげた主な図書の一覧　（書名のあいうえお順）

『あきらめないこと、それが冒険だ』　野口健／著　学研プラス　2006年

『朝ごはんつくろう！』　坂本広子／著　まつもときなこ／絵　偕成社　1993年

『あらしのよるに』　木村裕一／作　あべ弘士／絵　講談社　1994年

『いいから　いいから』　長谷川義史／作　絵　本館　2006年

『いのちのおはなし』　日野原重明／文　村上康成／絵　講談社　2007年

『ウエズレーの国』　ポール・フライシュマン／作　ケビン・ホークス／絵　千葉茂樹／訳　あすなろ書房　1999年

『うごいちゃだめ！』　エリカ・シルヴァマン／ぶん　S．D．シンドラー／え　せなあいこ／やく　アスラン書房　1996年

『絵くんとことばくん』　天野祐吉／作　大槻あかね／絵　福音館書店　2006年

『エルマーのぼうけん』（新版）　ルース・スタイルス・ガネット／さく　ルース・クリスマン・ガネット／え　わたなべしげお／やく　福音館書店　1989年

『王さまライオンのケーキ：はんぶんのはんぶん　ばいのばいのおはなし』　マシュー・マケリゴット／作・絵　野口絵美／訳　徳間書店2010年

『大どろぼうホッツェンプロッツ』　オトフリート・プロイスラー／著　中村浩三／訳　偕成社　1966年

『おかあさんの紙びな』　長崎源之助／作　山中冬児／絵　岩崎書店　1976年

『おきなわ島のこえ：ヌチドウタカラ　（いのちこそたから）』　丸木俊、丸木位里／え・文　小峰書店　1984年

『きょうはみんなでクマがりだ』　マイケル・ローゼン／再話　ヘレン・オクセンバリー／絵　山口文生／訳　評論社　1991年

『We're Going on a Bear Hunt』（英語版）　Michael Rosen／再話　Helen Oxenbury／絵　アールアイシー出版　2008年

『銀のうさぎ』　最上一平／著　高田三郎／絵　新日本出版社　1984年

『くもりガラスのむこうには』　あまんきみこ／作　黒井健／絵　岩崎書店　2009年

『車のいろは空のいろ1　白いぼうし』（新装版）　あまんきみこ／作　北田卓史／絵　ポプラ社　2000年

『車のいろは空のいろ2　春のお客さん』（新装版）　あまんきみこ／作　北田卓史／絵　ポプラ社　2000年

『コッケモーモー！』　ジュリエット・ダラス＝コンテ／文　アリソン・バートレット／絵　たなかあきこ／訳　徳間書店　2001年

『こんなふうに作られる！』　ビル＆ジム・スレイヴィン／文　ビル・スレイヴィン／絵　福本友美子／訳　玉川大学出版部　2007年

『しらんぷり』　梅田俊作・佳子／作・絵　ポプラ社　1997年

『新科学の本っておもしろい』　科学読物研究会／編　連合出版　2003年

『すみれ島』　今西祐行／文　松永禎郎／絵　偕成社　1991年

『ぜつぼうの濁点』　原田宗典／作　柚木沙弥郎／絵　教育画劇　2006年

『手で食べる？』　森枝卓士／文・写真　福音館書店　2005年

『天と地を測った男：伊能忠敬』　岡崎ひでたか／作　高田勲／画　くもん出版　2003年

『ライオンのしごと：どうぶつさいばん』　竹田津実／作　あべ弘士／絵　偕成社　2004年

『長い長いベッドカバー』　シルビア・フェア／文と絵　杉並セシオン／訳　セーラー出版　1991年

『なきむしおにごっこ』　おのりえん／作　降矢奈々／絵　ポプラ社　1999年

『ねこじゃらしの野原』　安房直子／作　菊池恭子／絵　講談社　1995年

『ノラネコの研究』　伊澤雅子／文　平出衛／絵　福音館書店　1994年

『はなをくんくん』　ルース・クラウス／文　マーク・サイモント／絵　きじまはじめ／訳　福音館書店　1967年

『The Happy Day』（英語版）　Ruth Krauss／作　Marc Simont／絵　Econo-Clad Books　1989年

『１つぶのおこめ：さんすうのむかしばなし』　デミ／作　さくまゆみこ／訳　光村教育図書　2009年

『１００万回生きたねこ』　佐野洋子／作・絵　講談社　1977年

『びゅんびゅんごまがまわったら』　宮川ひろ／作　林明子／絵　童心社　1982年

『ひろしまのピカ』　丸木俊／え・文　小峰書店　1980年

『ふしぎふしぎ』　片山令子／文　長新太／絵　国土社　1997年

『平和の種をまく：ボスニアの少女エミナ』　大塚敦子／写真・文　岩崎書店　2006年

『ぼくたちのコンニャク先生』　星川ひろ子／写真・文　小学館　1996年

『ぼくのお姉さん』　丘修三／著　かみやしん／絵　偕成社　1986年

『ぼくは貝の夢をみる』　盛口満／著　アリス館　2002年

『まのいいりょうし』　瀬田貞二／再話　赤羽末吉／画　福音館書店　1975年

『満月をまって』　メアリー・リン・レイ／ぶん　バーバラ・クーニー／え　掛川恭子／やく　あすなろ書房　2000年

『ミミズが鳴くってほんとう？』　谷本雄治／著　アリス館　2001年

『面積のひみつ：考え方の練習帳』　瀬山士郎／著　さ・え・ら書房　2009年

『森を育てる生きものたち』　谷本雄治／文　盛口満／絵　岩崎書店　2008年

『ヤクーバとライオンⅠ勇気』　ティエリー・デデュー／作　柳田邦男／訳　講談社　2008年

『ヤクーバとライオンⅡ信頼』　ティエリー・デデュー／作　柳田邦男／訳　講談社　2008年

『夕日がせなかをおしてくる』　阪田寛夫／詩　高畠純／絵　国土社　1983年

『雪窓』　安房直子／作　山本孝／絵　偕成社　2006年

『ルドルフとイッパイアッテナ』　斉藤洋／作　杉浦範茂／絵　講談社　1987年

『ローザ』　ニッキ・ジョヴァンニ／文　ブライアン・コリアー／絵　さくまゆみこ／訳　光村教育図書　2007年

『わたしのせいじゃない：せきにんについて』　レイフ・クリスチャンソン／文　にもんじまさあき／訳　ディック・ステンベリ／絵　岩崎書店　1996年

索引

著者紹介

福田　孝子（ふくた　たかこ）

長年、小学校で学校図書館運営にあたり、埼玉県三郷市立前谷
小学校（司書教諭）を最後に定年退職。同校で「平成18年度子
どもの読書活動優良実践校」として文部科学大臣表彰を受ける。
元埼玉県学校図書館協議会読書指導部副部長。現在は、三郷市
教育委員会読書活動支援員、東京学芸大学非常勤講師、全国学
校図書館協議会学校図書館スーパーバイザー。第4次子供の読
書活動に関する推進計画有識者会議に参加。

主な著書として、共著『学校経営と学校図書館　新訂版』（放送
大学教育振興会 2013）、共著『司書教諭・学校司書のための学
校図書館必携　改訂版』（悠光堂 2017）

写真・資料協力　　埼玉県三郷市立前谷小学校

　　　　　　　　　埼玉県三郷市立彦郷小学校

　　　　　　　　　埼玉県三郷市立後谷小学校

参考資料　　　　　『司書教諭の授業で役立つワークシート集』

　　　　　　　　　埼玉県学校図書館協議会　2006年

イラスト　　　　　中西康子

ブックデザイン　　ヒロ工房　稲垣結子

はじめよう学校図書館 5　　　　　　　　　　分類　019.2

初めての読書指導 アイディア25+5〈小学校編〉

2012年 7 月30日　初版発行
2019年 4 月 1 日　改訂版発行

SLA
School Library Association

著　　者　　福田孝子
発 行 者　　設楽敬一
発 行 所　　公益社団法人全国学校図書館協議会
　　　　　　〒112-0003　東京都文京区春日2-2-7
　　　　　　TEL 03-3814-4317
　　　　　　FAX 03-3814-1790
印刷・製本所　　株式会社厚徳社

ISBN978-4-7933-2294-5　　　　　　©Takako Fukuta 2019